AF313893

ÉLÉGANT MOBILIER

Riches Bijoux

ARGENTERIE, OBJETS DE VITRINE

Tableaux, Gravures

Mᵉ F. LAIR DUBREUIL, Commissaire-Priseur

M. A. REINACH, Expert

CATALOGUE

D'UN

ÉLÉGANT MOBILIER

sortant en partie de la Maison MAPLE

Belle Salle à manger en acajou verni. Armoire à trois vantaux.
Bureaux. Tables. Guéridons. Servantes. Vitrines.
Divan d'encoignure. Canapés et Sièges divers en acajou
et Marqueterie de citronnier.

MEUBLES DE BOUDOIR ET DE CABINET DE TOILETTE

en bois laqué de style Louis XV

Belle Toilette. Lit de repos. Table à coiffer. Psyché, etc.

Piano à queue de PLEYEL

Piano droit en bois noir de EDEL. Coffre-fort d'HAFFNER

RICHES BIJOUX

Bagues. Bracelets. Sautoir. Boutons d'oreilles. Broches. Montres, etc.

enrichis de Perles, Rubis, Emeraudes, Saphirs et Brillants

JOLI COLLIER DE 71 PERLES FINES

ARGENTERIE, OBJETS DE VITRINE, DENTELLES

Service à thé et à café. Service de table. Nécessaires de toilette.
Boîtes-Bonbonnières, etc.

PORCELAINES, FAIENCES, TABLEAUX, GRAVURES

BRONZES D'ART & D'AMEUBLEMENT

Groupes. Statuettes. Garnitures de cheminées.
Lustres et appliques électriques.
Rideaux. Tentures. Tapis. Objets divers.

DONT LA VENTE AURA LIEU

HOTEL DROUOT — SALLE N° 11

Les Mardi 29 et Mercredi 30 Mars 1904

à 2 heures précises

Me F. LAIR-DUBREUIL	M. A. REINACH
COMMISSAIRE-PRISEUR	EXPERT
6, Rue de Hanovre, 6	17, Rue Drouot

CHEZ LESQUELS SE DISTRIBUE LE PRÉSENT CATALOGUE

EXPOSITION PUBLIQUE

Le Lundi 28 Mars 1904, de 2 heures à 6 heures

CONDITIONS DE LA VENTE

———

La vente sera faite au comptant.

Les acquéreurs paieront *dix pour cent* en sus des prix d'adjudication.

L'Exposition mettant le public à même de se rendre compte de l'état des objets, aucune réclamation ne sera admise une fois l'adjudication prononcée.

Paris. — Imp. C. Chaufour, 8-10, ue Milton.

DÉSIGNATION

BIJOUX

1 — Joli collier d'un rang de soixante et onze perles fines, fermoir d'une olive en roses.

2 — Bague montée d'une belle émeraude entourée de petits brillants et huit brillants sur le corps.

3 — Bague fil d'or montée d'une perle fine.

4 — Bague d'un rubis et d'un brillant taillés en pointe.

5 — Bague jumelle formée d'une émeraude et d'un brillant.

6 — Grand sautoir en or ornés de petits dés montés de rubis et de saphirs entrecoupés de onze perles fines.

7 — Bracelet-gourmette en or enrichi de cinq
perles fines.

8 — Petite montre de dame en or à remontoir,
boîtier orné d'un chiffre en roses; avec chaînette
en deux parties se rattachant à une petite appli-
que en brillants et roses et se terminant par une
boule en or à spirales en roses.

9 — Paire de boutons d'oreilles perles fines montures à vis.

10 — Bracelet à deux corps en or émaillé bleu,
entre-deux à feuillage pavé de roses et enrichi de
quatre grosses perles fines et de huit autres plus
petites.

11 — Broche de corsage forme gerbe de fleurs en
brillants, dans un enroulement en or émaillé
bleu.

12 — Deux broches de même modèle plus petites.

13 — Ornement de coiffure composé de huit motifs
en brillants à torsade émaillée bleu.

14 — Deux pendants d'oreilles en brillants monture
en or émaillé bleu.

15 — Deux boutons de chemises en or montés de
perles fines.

16 — Epingle de cravate en or et perle fine.

17 — Trois boutons de chemises en or montés de petits brillants et reliés par une chaînette en or.

18 — Bague fil d'or et perle fine.

19 — Bague fil d'or montée d'un brillant.

20 — Bague en or montée d'un brillant solitaire et de huit petits brillants sur le corps.

21 — Deux épingles à cheveux, en écaille blonde, montées en or et ornées de demi-perles.

22 — Deux épingles à cheveux analogues aux précédentes.

23 — Bracelet torsade en or, orné de petits rubis et de roses.

24 — Bracelet souple avec montre en or à remontoir, cadran entouré de rubis et de roses.

25 — Bracelet en or, chaton d'un saphir cabochon et roses.

26 — Bracelet en or, orné d'un fer à cheval en roses.

27 — Montre de dame en or émaillé bleu à remontoir, ornée de fleurs de lys en roses avec crochet de montre forme nœud.

28 — Montre de dame, en or, à remontoir boîtier émaillé à figure de femme, de la maison Fleury.

29 — Montre de dame en or à remontoir, boîtier
émaillé noir à figure d'amour dansant, de la
maison Fleury.

3o — Broche étoile en or et roses.

3i — Bague deux corps en or montée de deux perles,
deux brillants et roses.

32 — Boîte à allumettes en or ciselé à rinceaux,
fleurs, ornements et écusson chiffré.

33 — Deux boîtes à allumettes en or.

34 — Montre d'homme en or à répétition.

35 — Montre d'homme, à remontoir en or, boîte de
chasse et double boîtier en or.

36 — Petite montre de dame, en or à double boîtier guilloché, entourage de demi-perles.

37 — Montre de dame en or, boîtier gravé, cadran
en argent.

38 — Face à main, en or gravé.

3g — Porte-mine, canif-peigne à barbe, en or.

40 — Deux chaînes de gilet en or.

4i — Chaîne de gilet, dite américaine en or.

42 — Chaîne de gilet en or avec médaillon chiffré.

43 — Chaîne de gilet gourmette en or.

44 — Paire de boutons de manchettes en or, ornés
d'intailles à figures de guerriers grecs.

45 — Bague chevalière en or ornée d'un Nicolo.

46 — Paire de boutons de manchettes en or gravé
orné de petites turquoises et de petites perles.

47 — Trois paires de boutons de manchettes en or.

48 — Ceinture composée de quinze plaquettes en
argent ciselé, à décor dans le goût chinois.

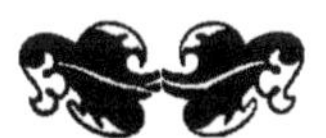

ARGENTERIE

OBJETS DE VITRINE, DENTELLES

49 — Service à thé et à café en argent repoussé de style Louis XV composé de : Une cafetière, une théière, un sucrier, un pot à crême et un plateau de même style en argent ciselé.

5o — Service de couverts en argent composé de quarante deux pièces, dans une boîte.

5ı — Broc à bière en cristal gravé monté en argent repoussé dessin à guirlandes de fleurs; garni à l'intérieur d'un récipient à glace.

52 — Deux carafes à vin en cristal gravé montées en argent.

53 — Lampe à quatre branches en argent sur fût de colonne cannelée, posant sur un socle supporté par quatre chevaux ailés et couronnée par une statuette d'amour elle est accompagnée de quatre abat-jour en argent gravé, mouchettes, etc, fin xviiıe siècle.

54 — Petite pendule en argent émaillé formée par un éléphant supportant le cadran et posé sur un socle hémisphérique.

55 — Nécessaire de voyage en argent ciselé et repoussé composé de deux flambeaux, une boîte à friser avec son fer, cinq brosses, une boîte à poudre, une glace, un polissoir et une trousse contenant une pince à gant, un coupe papier, un chausse pied et un tire boutons.

56 — Gobelet en argent repoussé à fleurs et fruits de style Louis XIII.

57 — Grand cornet en verre décoré monture en argent repoussé.

58 — Boîte cylindrique en argent ciselé travail à jour, sur quatre pieds ciselés, travail anglais.

59 — Paire de petites salières en argent ajouré style Renaissance.

60 — Encrier en cristal monture en argent.

61 — Boite ovale en argent repoussé de style Louis XV décorée sur le couvercle d'un groupe de fumeur et de jeune femme dans un encadrement à rocailles.

62 — Sucrier en cristal taillé monté en argent.

63 — Corbeille sur piédouche en fils d'argent à anses torses, bordure filigranée.

64 — Corbeille à pain en argent gravé bordure ajourée, travail anglais.

65 — Service à hors d'œuvres en argent composé de
quatre pièces.

66 — Service à poisson en argent.

67 — Douze cuillers à café en argent dessin à filets
et feuillages.

68 — Deux salières forme coquilles supportées par
des dauphins sur socles feuillagés, pieds à griffes.

69 — Porte-huilier et deux salières bouts de table
en argent modèle à coquilles.

70 — Tasse et soucoupe en vermeil ciselé à coquilles et ceps de vigne.

71 — Tasse à café avec soucoupe en argent gravé,
forme lobée.

72 — Moutardier en argent modèle à palmes et rinceaux.

73 — Quatre dessous de carafes en argent.

74 — Onze couteaux à dessert à lames de vermeil.

75 — Douze couteaux à dessert.

76 — Nécessaire de voyage en cuir jaune avec jeux
de brosses en ivoire et flacons en cristal montés
en argent.

77 — Flacon en cristal monté en argent.

78 — Pendentif en argent et strass.

79 — Deux petites boites rondes en vermeil ciselé, décorées sur le couvercle d'une figure de jardinier et de chiens au bord de l'eau.

80 — Quatre bonbonnières en argent.

81 — Porte-cigarettes en argent repoussé à fleurs.

82 — Porte-cigarettes en argent ciselé à jour dessin à feuillage et écusson central.

83 — Etui à cigarettes en argent décoré en relief d'une gerbe de fleurs.

84 — Porte-cigarettes en argent anglais modèle à cannelures.

85 — Tasse double, à déguster en argent.

86 — Trois portes-cartes en filigrane d'argent.

87 — Douze boîtes à allumettes en argent de différents modèles. Sera divisé.

88 — Cinq tabatières en argent gravé, niellé et guilloché.

89 — Boîte à allumettes en forme de pendule renfermant un mouvement de montre.

90 — Petite boîte longue en vermeil gravé et petite bonbonnière en argent ciselé et gravé, d'époque Louis XIV.

91 — Etui à cigarettes en argent, parties dorées à figures de paysans puisant de l'eau. Travail russe.

92 — Boîte à deux compartiments. Boîte ovale de style Louis XV. Porte-monnaie et étui à cigarettes en argent uni.

93 — Quatre porte-mines et un porte-plumes en argent.

94 — Petite corbeille, boîte ovale et boîte cylindrique en filigrane d'argent.

95 — Coffret en filigrane d'argent.

96 — Etui à fume-cigares. Boîte à rouge et tire-boutons en argent.

97 — Montre forme cadenas en argent suspendue à un crochet garni d'une chaînette avec clef.

98 — Coupe à St-Chrême, très petite aiguière en argent.

99 — Petite timbale à liqueurs. Petite soucoupe et trois sifflets en argent.

100 — Petit plateau repoussé à figures d'amours. Coupe côtelée sur piédouche en argent.

101 — Petite boîte à cigarettes en argent anglais uni.

102 — Porte-boîte à allumettes en argent.

103 — Etui à or, petit étui en argent gravé et quatre petites boîtes à mouches en argent.

104 — Petite charrue en argent.

105 — Table, chaise, bouilloire et violon miniatures en argent.

106 — Petit support en argent sur trois pieds à chimères. Lampe de fumeur en forme de verseuse. Miroir de poche en argent.

107 — Deux boîtes à allumettes en argent gravé, travail russe.

108 — Deux verres à pieds en argent de même travail.

109 — Briquet forme fer à cheval, petite boîte longue en argent et petit étui en vermeil.

110 — Deux briquets en argent gravé, l'un en forme de maisonnette.

111 — Boîte à cigarettes en argent, travail russe.

112 — Flacon en argent, style Louis XV et flacon cylindrique en argent anglais.

113 — Deux flacons de trousses avec chaînettes en
argent. Flacon plat en cristal, bouchon en vermeil.

114 — Flacon en cristal bouchon en argent. Petit
flacon en cristal, bouchon en argent parties niel-
lées, couvercle émaillé.

115 — Deux flacons à sels en verre rouge et cristal
montés en argent.

116 — Porte-cartes en argent niellé, décor dans le
goût oriental.

117 — Porte-cartes en argent ciselé et doré offrant en
relief un monument au milieu de grands rinceaux ; travail anglais.

118 — Boîte à cigarettes en argent niellé dessin qua-
drillé.

119 — Boîte à cigarettes forme oblongue en argent
guilloché à écusson.

120 — Service à bière, monture en cristal.

121 — Paire de coupes en métal argenté ornées de
coquilles perlières formant vide poches.

122 — Légumier avec couvercle et double fond en
plaqué.

123 — Légumier avec couvercle et double fond en
métal argenté.

124 — Huit flacons de toilette en cristal, bouchons en métal martelé.

125 — Cafetière en métal argenté style Empire.

126 — Broc en métal argenté.

127 — Châle en dentelle de Chantilly.

128 — Deux voilettes en dentelle.

129 — Cinq coupes en dentelle de Chantilly mesurant environ 13ᵐ.

130 — Cinq coupes de guipure mesurant environ 17ᵐ.

131 — Environ quinze mètres de dentelle application.

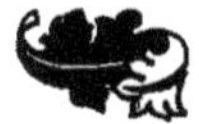

PORCELAINES, FAIENCES

132 — Orchestre composé de dix animaux musiciens en porcelaine d'Allemagne.

133 — Quatre petites figurines en porcelaine d'Allemagne.

134 — Groupe en porcelaine d'Allemagne. Le Savetier.

135 — Petit hanap en porcelaine de Vienne décoré d'un sujet : La Chanson.

136 — Deux crapauds en grès émaillé de Chine.

137 — Deux petits vases en porcelaine de Worcester?

138 — Deux petits vases en faïence bleu turquoise.

139 — Petit vase à panse aplatie en faïence de Deck.

140 — Deux groupes en biscuit.

141 — Grand groupe en porcelaine de Capo di Monte : Le Char de Neptune.

142 — Deux vases en faïence de Sèvres, monture en argent doré.

143 — Vase en grès flambé monture en argent doré.

144 — Deux grands vases forme gourdes en faïence décor vert.

145 — Coupe en porcelaine de Chine monture en métal.

146 — Paire de grands vases en porcelaine portant la marque de Sèvres, décorés de sujets galants, montures en bronze doré. Haut. : 0^m85.

147 — Jardinière et deux vases en faïence, décorés de sujets sur fond vert.

TABLEAUX

DESSINS, PASTELS, GRAVURES

LUCAS (Ch.)

148 — *L'attente*.

> Pastel.

SCARNÉO

149 — *La Bouquetière*.

SIMON

150 — *Fleurs et Fruits*.

> Deux pendants.

VIRIEZ (André)

151 — *Scènes parisiennes*.

> Trois dessins.

152 — Gravure d'après d'Edouard Detaille : *La Sortie de la garnison de Huningue*.

> Cadre en acajou orné de bronze, style 1er Empire.

153 — Deux gravures en couleur d'après Le Bel : *Le Coup de vent, La Voilà prise*.

> Cadres en acajou.

154 — Trois gravures en couleur d'après BAUDOIN et
FREUDBERG : *Le Carquois épuisé, Le Curieux, Le
Petit Jour.*

Cadres en acajou.

155 — Quatre gravures anglaises en couleur : *Sujets
de sports.*

Cadres en chêne verni.

156 — Quatre petites gravures anglaises en couleur :
Sujets de chasse.

Cadre en chêne verni.

157 — Six petites gravures en couleur : *Sujets de
chasse.*

Dans un cadre passe-partout.

158 — Deux gravures anglaises en couleur : *Chasse
au renard.*

Cadres laqués blanc.

159 — Deux gravures anglaises en couleur : *Scènes
champêtres anglaises.*

160 — Deux gravures anglaises en couleur.

161 — Gravure en couleur d'après BOILLY : *Prélude
de Nina.*

Cadre en acajou.

162 — Trois panneaux en soie tissée à sujets variés,
cadres laqués blanc.

BRONZES, MARBRES

163 — Groupe équestre composé d'un amour en marbre, assis sur un lion en bronze et bronze doré. Signé HEIZELER et E. CORNU.

164 — Grand vase en bronze avec figure de moissonneur. Signé : A. LARROUX.

165 — Petite garniture de cheminée composée d'une pendule et de deux candélabres formés par des statuettes de bergers et de chasseurs antiques en bronze doré sur socles en marbre.

166 — Garniture de cheminée en marbre blanc et bronze doré, composée d'une pendule et de deux candélabres formés par des amours portant des branchages fleuris. Style Louis XVI.

167 — Groupe en bronze : la Mélodie, signé CARRIER-BELLEUSE.

168 — Grande écritoire en bronze ciselé et doré.

169 — Deux groupes en bronze doré : Clowns, par de Wever.

170 — Deux petits groupes en bronze doré : Pierrots, par L. HINGRE.

171 — Deux petits groupes en bronze doré : Espagnol jouant de la guitare et Espagnole à l'Eventail, par A. GAUDEZ.

172 — Lustre électrique en bronze et bronze doré, à figure d'amour supportant un panier de fleurs.

173 — Lustre électrique forme étoile à cinq branches de palmiers, garnies de cristaux.

174 — Lustre électrique à cinq lumières en bronze formé par un bouquet de branches fleuries.

175 — Lustre électrique et deux appliques en bronze à patine verte, formés par des branches de gui.

176 — Lustre électrique en bronze doré garni de cristaux taillés enfermant les lumières, ornements à guirlandes de fleurs en bronze ciselé et doré.

177 — Lanterne d'antichambre en bronze doré et verre incolore. Style xvᵉ siècle, disposée pour l'électricité.

178 — Lustre électrique à trois lumières en bronze et bronze doré supporté par trois cordelières surmontées d'un bouquet de fleurs.

179 — Deux petits bouts de table en bronze argenté.
Style Louis XV.

180 — Petit encrier en bronze doré formé par une
coquille. Style Louis XV.

181 — Plateau en bronze orné d'un bas-relief de ber-
ger antique par Richard.

182 — Deux flambeaux électriques formés par un
faune et une faunesse assis sur des animaux en
bronze et bronze doré. Socles en marbre.

183 — Pendule Empire en bronze doré.

184 — Lampe de parquet en cuivre poli sur quatre
pieds à colonnettes.

185 — Pendule Empire formée par un fut de colonne
en bronze surmonté d'un couple de colombes.

186 — Lustre en bronze doré orné de cristaux.

187 — Lampe de parquet en bronze ciselé avec
abat-jour.

188 — Garniture de trois pièces en bronze émaillé
de Chine.

189 — Grande boucle en cuivre repoussé et argenté.
Travail oriental.

190 — Deux bouts de table en bronze formés par des
petits faunes portant deux lumières électriques.

191 — Flambeau électrique formé par une branche
de gui en bronze doré.

192 — Buste en marbre. La petite frileuse.

193 — Paire de colonnes en onyx, ornées de bronzes
dorés.

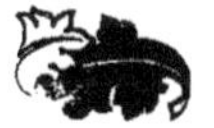

MOBILIER

194 — Très belle salle à manger en acajou sculpté et
verni de la maison MAPLE ; composée de :
Un grand buffet à deux corps, la partie centrale en
retrait à fond de bois et fond de glace, les côtés
garnis de petites armoires à vantaux pleins et
vitrés avec fronton ouvrant à deux portes pleines,
pieds cambrés en bronze ; poignées et entrées de
serrures en bronze ciselé, un dressoir ; une
table à pans coupés sur quatre pieds avec deux
allonges en acajou et six chaises garnies en maro
quin vert.

195 — Guéridon de forme octogonale en acajou
sculpté, bordure en citronnier et marqueterie en
bois de couleur à rinceaux, bandeau décoré de
plaques en Wedgwood et posant sur quatre pieds
feuillagés reliés par une entrejambe à quatre
branches de la maison MAPLE.

196 — Bureau en acajou et marqueterie de citronnier
garni de cinq tiroirs, et surmonté d'une glace
ovale biseautée, de la maison MAPLE.

197 — Vitrine en acajou et filet de citronnier ouvrant
à un vantail à glace biseautée, intérieur gaîné
de soie moirée verte.

198 — Grande armoire garde robe en acajou et marqueterie de citronnier ouvrant à trois vantaux dont un à glace biseautée, de la maison MAPLE.

199 — Lit de repos en bois sculpté et laqué gris de style Louis XVI garni de canne avec coussin et deux traversins en satin bleu ciel broché à fleurs.

200 — Piano à queue de PLEYEL.

201 — Piano droit en bois noir de EDEL à Paris.

202 — Belle boîte à musique.

203 — Grande et belle toilette lavabo en bois sculpté et laqué blanc de style Louis XV dessus en marbre onyx avec étagère.

204 — Glace biseautée dans un cadre en bois sculpté et laqué blanc de style Louis XV.

205 — Table à coiffer en bois sculpté et laqué blanc de style Louis XV dessus en onyx avec glace biseautée et étagères sur les côtés.

206 — Grande psyché à glace biseautée monture en bois sculpté et laqué blanc de style Louis XV.

207 — Porte manteaux et parapluie en acajou, fronton à colonnettes avec glace biseautée, patères en cuivre poli, de la maison MAPLE.

208 — Paravent à trois feuilles en acajou fileté de citronnier garnies de soie brochée à guirlandes de fleurs, la partie supérieure à glaces décorées de sujets d'après TÉNIERS, de la maison MAPLE.

209 — Petit guéridon ovale en bois sculpté et laqué gris sur quatre pieds cannelés; bandeau sculpté à jour à branches de lauriers; dessus en onyx style Louis XVI.

210 — Petite tasse carrée en acajou et marqueterie de citronnier sur quatre pieds droits reliés par une entrejambe.

211 — Table à jeu en acajou à moulures et marqueterie de cuivre. Style Louis XVI dessus de drap rouge.

212 — Petite table-servante en acajou et marqueterie de bois à quatre volets mobiles avec plateau mobile à fond de glace.

213 — Petite table d'écarté en acajou et citronnier. Dessus en drap vert.

214 — Petite table ovale en acajou et marqueterie de citronnier sur quatre pieds cannelés, reliés par une tablette d'entrejambes à galerie de cuivre de la maison MAPLE.

215 — Table à étagère cannée en bois sculpté et laqué gris de style Louis XV, dessus en marbre fleur de pêcher.

216 — Support à quatre pieds en acajou et marqueterie de citronnier.

217 — Table de nuit de même travail.

218 — Cache-pot jardinière forme trépieds en acajou,
intérieur en cuivre.

219 .— Cache-pot jardinière plus petit. Même travail.

220 — Petit meuble vitrine en acajou et citronnier
de la maison MAPLE.

221 — Divan d'encoignure en acajou et marqueterie
de citronnier à glaces biseautées, surmonté
d'une petite vitrine; siège garni en étoffe de soie
et velours vert à bandes ton sur ton, de la maison
MAPLE.

222 .— Petit meuble de salon en acajou et marqueterie de citronnier, composé de un canapé et
deux chaises garnis en soie brochée à bouquets
de fleurs et festons sur fond vert clair ; de la
maison MAPLE.

223 — Tabouret de piano en acajou fileté de citronnier, dossier en forme de lyre garni en même
étoffe; de la maison MAPLE.

224 — Canapé en acajou avec coussin en soie vieux
rose à bandes de velours ton sur ton.

225 — Fauteuil en bois sculpté et laqué blanc de style Louis XVI dessin à perlé et feuillage garni de canne.

226 — Quatre chaises en bois sculpté et laqué blanc de différents modèles; cannées et garnies en soie.

227 — Deux chaises droites en acajou garnies en maroquin vert.

228 — Fauteuil à haut dossier en acajou et filets de citronnier à larges accotoirs; siège et tétière garnis en satin et soie moirée fond vert.

229 — Fauteuil de bureau en acajou, dossier sculpté à rinceaux, siège garni en soie moirée fond gris et fond rose à fleurs.

230 — Deux fauteuils en acajou et marqueterie de citronnier fonds cannés et garnis de deux coussins capitonnés en soie et velours vert par bandes ton sur ton.

231 — Vitrine en palissandre ornée de bronzes, ouvrant à deux vantaux.

232 — Buffet à deux corps en chêne sculpté.

233 — Coffre-fort d'Haffner, simulant un meuble; peint noir, rehaussé de blanc.

234 — Grand canapé en chêne sculpté, couvert en tapisserie à la main, à sujet de chasse.

235 — Table de salon en marqueterie de cuivre garnie de bronzes.

236 — Pendule en acajou incrusté, de la maison MAPLE.

237 — Ecritoire en chêne, de la maison MAPLE.

238 — Pendule en marqueterie de cuivre, style Louis XIV.

239 — Petit classeur en acajou et marqueterie. Travail de la maison MAPLE.

240 — Glace carrée, cadre laqué blanc.

241 — Grand et beau lit en cuivre avec sommier garni en moire rose.

RIDEAUX, TENTURES, TAPIS

242 — Décoration de baie en soie verte brochée à fleurs ton sur ton.

243 — Six rideaux ou portières en soie moirée bleu-ciel.

244 — Quatre rideaux en satin et velours vert à bandes ton sur ton.

245 — Tenture murale en moire bleu ciel ornée d'applications de fleurs et feuillages découpés avec galons.

246 — Quatre rideaux et un fond de lit en mousse-line.

247 — Carpette orientale fond rouge à bordure fond gris.

248 — Six tapis en moquette vieux rose unie.

249 — Objets divers, services de table et de verrerie, etc.